Paris
1866

Lecoy de La Marche, Albert

Les coutumes et péages de Sens

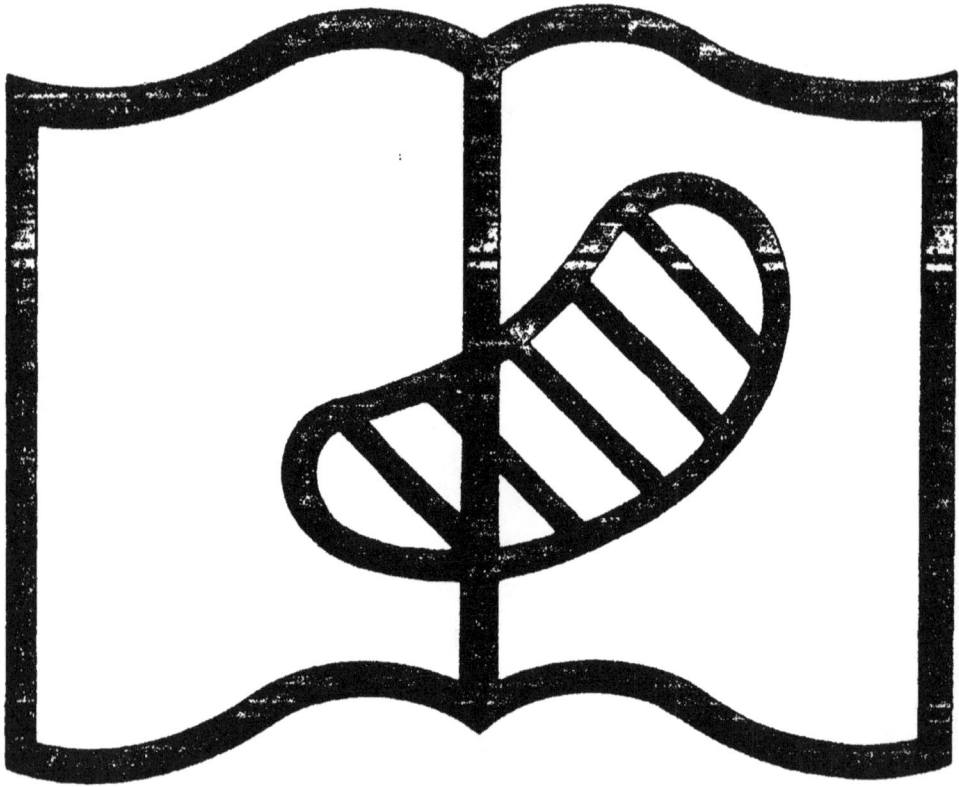

Symbole applicable
pour tout, ou partie
des documents microfilmés

Original illisible

NF Z 43-120-10

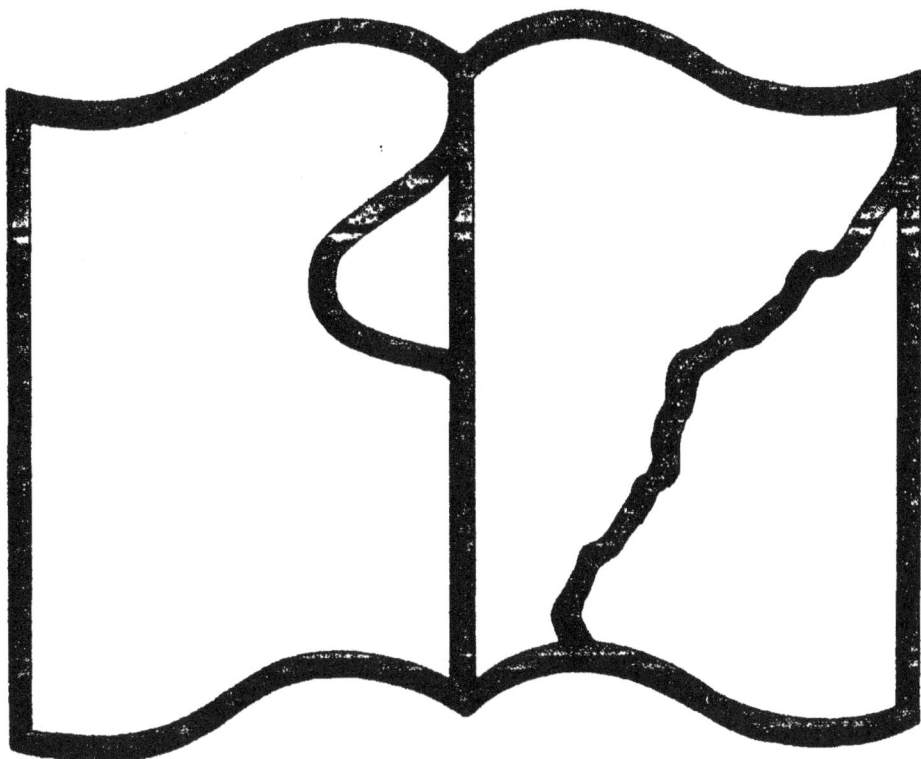

**Symbole applicable
pour tout, ou partie
des documents microfilmés**

Texte détérioré — reliure défectueuse

NF Z 43-120-11

LES
COUTUMES ET PÉAGES
DE SENS

TEXTE FRANÇAIS DU COMMENCEMENT DU XIIIe SIÈCLE

PUBLIÉ ET COMMENTÉ

PAR

A. LECOY DE LA MARCHE

Archiviste aux Archives de l'Empire.

PARIS

IMPRIMERIE DE AD. LAINÉ ET J. HAVARD

RUE DES SAINTS-PÈRES, 19

—

1866

LES

COUTUMES ET PÉAGES

DE SENS

LES

COUTUMES ET PÉAGES

DE SENS

TEXTE FRANÇAIS DU COMMENCEMENT DU XIIIe SIÈCLE

PUBLIÉ ET COMMENTÉ

PAR

A. LECOY DE LA MARCHE

Archiviste aux Archives de l'Empire

PARIS

IMPRIMERIE DE AD. LAINÉ ET J. HAVARD

RUE DES SAINTS-PÈRES, 19

—

1866

LES COUTUMES

ET

PÉAGES DE SENS

TEXTE FRANÇAIS INÉDIT

DU COMMENCEMENT DU XIIIᵉ SIÈCLE.

En dépouillant un des portefeuilles de la Chambre des Comptes
déposés aux Archives de l'Empire [1], qui contient un mélange de pièces
étrangères les unes aux autres par leur date comme par leur objet,
et que M. Huillard-Bréholles m'avait signalé comme devant offrir
un certain intérêt, ma main rencontra deux bandes de parchemin
composées de plusieurs fragments cousus ensemble, formant
bout à bout une longueur de près de deux mètres. Un ancien inventaire, daté de 1748 et placé en tête du portefeuille, en donnait
la cote suivante : « *Ancien rouleau en parchemin contenant le détail
des droits dus pour la coutume et péage de Dun-le-Roy et Aulevi-
comte, sans datte.* » La première de ces localités est en Berry ; quant
à la seconde, elle ne figure sur aucune carte ni dans aucun dictionnaire, et n'a probablement existé que dans l'imagination de l'auteur
de cette cote, embarrassé par la lecture d'une ligne qu'il ne comprenait pas. Voici, en effet, ce que porte en tête l'original :

a *Ce sont les costumes et li puages de Sanz, le roi et au vilconte.* »

Il suffisait, pour s'assurer complétement de cette erreur grossière,
de jeter les yeux sur la suite du texte : il n'y est question que de
Sens et des localités environnantes. Les mots « *Coustumes de Sens* »,

1. Série P, n°. 1189.

1

écrits au dos vers le quinzième siècle, étaient masqués par une feuille de papier qu'avait collée sur le parchemin un réparateur maladroit. C'est probablement à l'incertitude produite par ces circonstances que le document en question doit de n'avoir pas encore vu le jour.

Cependant son importance saute aux yeux presque à première vue; l'écriture offre les beaux caractères droits, larges et réguliers qui dénotent le commencement du treizième siècle, quelquefois la fin du douzième, et la langue le pur français de la même époque, avec ses règles constantes, sa déclinaison, ses types de formation première, souvent très-rapprochés du latin. La rareté de cette classe de monuments en fait donc tout d'abord un morceau précieux pour la philologie. Avant 1230, on le sait, les textes français peuvent se compter : j'espère être assez heureux pour faire partager au lecteur la conviction que celui-ci est largement antérieur à cette date.

En second lieu, l'histoire a aussi sa part d'intérêt dans un document de cette nature, et non-seulement l'histoire particulière de la ville et du comté de Sens, qui est, pour l'époque dont il s'agit, enveloppée d'obscurité, mais encore l'histoire du commerce et de l'industrie dans le centre de la France; car on a vu, par le savant mémoire de M. Bourquelot sur *les Foires de Champagne*, quel parti l'on pourrait tirer de semblables sources pour élucider les questions qui s'y rattachent. Cette pièce, effectivement, n'est pas, comme le titre mis au dos pourrait le faire croire d'abord, une *coutume;* c'est un partage entre le roi et le vicomte de Sens des péages et des *coutumes*, c'est-à-dire, suivant le sens propre du mot au moyen âge, des *impositions* établies par l'usage sur les denrées et les marchandises qui étaient vendues ou fabriquées dans la ville, ou qui la traversaient. Je ne crois pas, quoiqu'elle forme bien une espèce de nomenclature ou de tarif, que la dénomination assez usitée de tarif de tonlieux lui soit parfaitement applicable, car elle contient en même temps autre chose. C'est pourquoi j'ai préféré garder le titre donné par le texte lui-même, en le rajeunissant, et en prévenant qu'il ne s'agissait point d'une charte de coutumes comme on l'entend généralement aujourd'hui.

Telle est la double considération qui me décide à publier ce document avec quelques éclaircissements, tâche que de plus habiles auraient dû entreprendre, mais qu'ils se sont contentés de me recommander comme utile. Après avoir examiné ici le gros de la teneur, je mettrai en regard du texte les notes destinées à expliquer certains points de détail.

Avant tout, quels étaient ces vicomtes de Sens qui partageaient avec le roi le produit de l'impôt commercial ? Leur trace est fort obscure, et peu d'historiens en font mention ; aucun n'en donne l'histoire ni même la série. Les ducs de Bourgogne avaient institué au dixième siècle des comtes de Sens héréditaires, dont les démêlés avec les archevêques de cette ville sont célèbres, et dont le fief finit par être confisqué et réuni au domaine de la couronne, en 1035 [1]. Le roi Henri I, après la mort du dernier comte, Rainard, demeura paisible possesseur de la partie du comté qui n'appartenait pas à l'archevêque [2], c'est-à-dire de la plus petite. Il y préposa un vicomte, dit M. Quantin [3]. « Les rois, affirme Dupuy, establirent (à Sens) des vicomtes sous eux, dont il y a quelques mémoires jusques en l'année 1204 [4]. » Telles sont les seules indications qu'on trouve de ce fait. Dupuy ne cite aucune source : il faut croire que le *Trésor des Chartes*, qu'il avait compulsé à loisir, lui avait fourni ce renseignement ; toutefois les pièces qu'il contient aujourd'hui sont muettes à ce sujet [5]. M. Quantin se fonde sur plusieurs actes insérés dans son excellent cartulaire de l'Yonne. Il y est fait mention de quelques vicomtes de Sens, depuis 1130 jusqu'en 1182. Toutefois la nature de leur office et leur situation vis-à-vis du roi sont très-vaguement indiquées dans ces documents. La chronique de Clarius, citée par le même auteur, relate seulement la mort d'un vicomte en 1168 [6], mais ne parle pas non plus de son institution par le roi.

Plusieurs chartes originales, conservées aux Archives de l'Empire, et qu'on trouvera également publiées ci-après, ajoutent à ces faibles lumières quelques lueurs nouvelles. Je vais essayer de préciser la situation du vicomte de Sens à l'aide de ces premiers éléments

---

1. Quantin, *Cartulaire général de l'Yonne*. t. I, p. xxix.
2. « Deinde rex Hainricus possedit civitatem et omnia quæ ipse habuerat. » (Clarius, *Chron. de Saint-Pierre-le-Vif*, dans d'Achéry, II, 714.)
3. *Op. cit.*, t. II, p. lxxvi.
4. *Traité touchant les droits du roy*, etc., p. 628.
5. Voir l'*Inventaire du Trésor des chartes*, par M. Teulet, t. I, allant jusqu'à l'année 1223.
6. « Mortuus est Warinus, vicecomes Senonensis, sepultusque est in capitulo S. Petri Vivi. » (D'Achéry, II, 778.)

avant d'examiner les droits qui lui sont spécialement attribués par le tarif des coutumes et péages.

De 1055, date de la suppression du comté de Sens, jusqu'à 1130, on ne trouve la mention d'aucun vicomte : le roi put ne pas en instituer immédiatement, et administrer directement son nouveau domaine. Le premier qui apparaisse est Salon (*Salo*), qualifié *vicecomes Senonensis* dans une donation faite par lui, vers 1130, à l'abbaye de Saint-Jean-lès-Sens[1]. Le même personnage figure avec le même titre dans des actes que M. Quantin place entre les année 1143 et 1168[2]. Cependant il ne put tenir la vicomté jusqu'à cette dernière date : car, dès 1165, on voit son fils Guérin (*Garinus*), qui souscrivit avec lui plusieurs des mêmes actes, mais sans prendre aucune qualité, s'intituler vicomte de Sens dans une donation à l'abbaye de Sainte-Colombe[3]. La femme de celui-ci est qualifiée également *vicecomitissa*, en 1167[4]. Un autre fils de Salon, Bouchard (*Bucchardus* ou *Bulchardus*), souscrivit aussi avec son père : mais il ne paraît pas être devenu vicomte de Sens. Guérin lui-même ne survécut pas longtemps à Salon : il mourut en 1168[5]. Comme il ne laissait point d'enfants, Galeran (*Galerannus* ou *Gualerannus*), qui avait épousé sa sœur Ermesende, lui succéda : il est mentionné avec son titre, dans le cartulaire de l'Yonne, jusqu'en 1182[6]. Une donation de 1184, en faveur du prieuré de Montbéon, est encore faite en son nom[7]. Mais, dès 1188, sa femme apparaît seule dans les actes qui concernent la vicomté, et prend le titre de *vicecomitissa Senonensis*[8]. Le nom de cette personne est écrit d'une manière variable : autant de chartes qui le reproduisent, autant d'orthographes différentes, pour ainsi dire. On le trouve sous les formes suivantes, dont plusieurs sont françaises, quoique renfermées dans des textes latins : *Ermensendis* en 1182, *Ermensenz* en 1184, *Hermensent* en 1188, *Ermensanz* et *Ermesenz* en 1190, *Hermesendis* enfin en 1202[9]. Un

1. *Cart. gén. de l'Yonne*, I, 273.
2. *Ibid.*, I, 375, 378, 466, 521, 537 ; II, 59, 69, 94, 110, 155.
3. *Ibid.*, II, 182. La date de l'acte placé entre 1143 et 1168 (II, 378) doit donc être ainsi rectifiée : *entre 1143 et 1165*.
4. *Ibid.*, II, 193.
5. *Chron. de Clarius*, d'Achery, II, 778.
6. *Cart. gén. de l'Yonne*, II, 318, 334.
7. Arch. de l'Emp., S, 2122, n. 62, Voy. p. 38.
8. Ibid., n. 61. Voy. p. 38.
9. Voy. *Cart. gén. de l'Yonne*, II, 334, et les pièces des Archives publiées ci-après, p. 38-40.

sceau de la même, appendu à une pièce de 1190, a été décrit par M. Douet d'Arcq, dans sa collection de sceaux des Archives de l'empire : il est ogival, long de 65 millimètres ; il représente une dame assise sur une chaise, tournée vers la droite et tenant un bouquet de fleurs. La légende porte : *Sigillum Hermesendis, vicecomitisse Senonis* [1]. La donation faite en 1202 à l'église de Montbéon est la dernière pièce émanée d'elle que j'aie retrouvée [2]. Un vidimus qui y est joint, daté de 1214, la donne comme défunte.

Ermesende avait des enfants d'un premier lit [3] : ils étaient héritiers des droits à la vicomté, puisque ces droits provenaient de leur mère et que Galeran ne les avait acquis qu'en épousant celle-ci. En effet les actes que j'ai cités d'elle portent le consentement de ses fils Hugues et Bouchard (*Hugo et Bucardus*) et de sa fille Helvide (*Helvidis*) ; le dernier, celui de 1202, ne mentionne plus que Bouchard et Helvide [4]. On peut donc conjecturer que son autre fils était mort, et que Bouchard devint après elle vicomte de Sens.

La vicomté passa ensuite à la célèbre famille des Barres, dont un membre fut l'un des plus braves barons de Philippe-Auguste. Cette maison était vraisemblablement originaire de la Bourgogne, où elle possédait plusieurs fiefs [5]. La vicomté de Provins lui appartint aussi : Guillaume III des Barres la vendit, en 1248, au comte de Champagne [6]. Comment celle de Sens fut-elle acquise par elle ? Cette transmission échappe ; mais il me semble qu'on peut en retrouver l'origine et la raison dans une alliance contractée entre un de ses membres et la veuve d'un vicomte de Sens. Guillaume Ier des Barres, seigneur d'Oissery, mort avant 1182, avait épousé Élisende, dame de Chaumont, vicomtesse de Sens [7]. Celle-ci devait être la veuve de Guérin, dont il a été question [8]. Elle avait gardé le titre de vicomtesse après la mort de son mari, mais elle n'avait pas hérité de la vicomté ; car on a vu, par une série d'actes non interrompue, le beau-

---

1. Douet d'Arcq, *op. cit.*, I, 343.

2. Arch. de l'Emp., S, 2122, n. 1. Voy. p. 40.

3. « Galerannus, vicecomes Senonensis, assensu Ermensendis, uxoris sue, *et prignorum suorum.* » *Cart. gén. de l'Yonne*, II, 334.

4. Voy. ci-après, p. 40.

5. Voy. la *Notice généalogique sur Jean des Barres*, par M. Gresy, dans les Mémoires de la Société des antiquaires de France, XX, 220 et suiv.

6. Brussel, *Usage général des fiefs*, II, 678.

7. *Notice généalogique sur Jean des Barres*, ibid.

8. Elle est ainsi désignée par Guérin, en 1167 : « Uxor mea E. vicecomitissa » *Cart. gén. de l'Yonne*, II, 193.

frère et la sœur de Guérin en possession de cet héritage. Il aurait suffi, dès lors, de l'extinction sans postérité des enfants de cette dernière, d'Ermesende, pour rendre des droits à Élisende et aux siens, c'est-à-dire aux fils qu'elle eut de son second mariage avec Guillaume des Barres. L'un de ces enfants porta le nom de Pierre, et on retrouve précisément la vicomté de Sens, vers le milieu du treizième siècle, aux mains d'un Guillaume des Barres, *fils de Pierre des Barres*. Quoi qu'il en soit de cette hypothèse, à laquelle on peut préférer la supposition d'une alliance postérieure, ou de tout autre mode de transmission, Guillaume des Barres fut le dernier des vicomtes effectifs de Sens, qui, comme on le verra tout à l'heure, disparurent en 1269 [1].

Il ressort de ce qui précède que les vicomtes de Sens, tout en n'étant à l'origine que des lieutenants du roi, comme les vicomtes de la Champagne et d'autres pays furent des lieutenants du comte, n'étaient pas de simples officiers à gages, mais de véritables feudataires, possédant en fief leur vicomté. Cette vicomté inféodée était héréditaire non-seulement en ligne directe et de mâle en mâle, mais par les femmes et en ligne collatérale. Une telle position donnait aux vicomtes une certaine indépendance et un rang assez considérable, même à côté du puissant archevêque. Si l'on voit celui-ci confirmer plusieurs de leurs donations [2], c'est en raison de son autorité sur les donataires, qui sont des clercs ou des abbayes. On peut reconnaître, dans Brussel, quelle était l'étendue des droits et domaines des vicomtes préposés par les comtes de Champagne au gouvernement de la plupart de leurs villes [3]. A Sens, qui touchait cette province, les choses devaient être réglées à peu près suivant les mêmes coutumes : car la coutume ancienne, la tradition était

1. Le resultat de ces recherches, auquel des investigations dans les archives de l'Yonne pourraient sans doute apporter un utile complement, etablit de la manière suivante la succession des vicomtes de Sens :

Salo	1130—1165.
Garinus.	1165—1168.
Galerannus	1168—1184.
Ermesendis	1184—1202 (au plus tôt).
Bocardus ?.	
Petrus de Barris ?. . . .	1202—1269.
Guillelmus de Barris. .	

2. Voy. ci après, p. 38, 39.
3. Brussel. *Usage général des fiefs*, II, 679

respectée par le roi héritier des comtes dépossédés [1]. C'est en effet ce que semblent démontrer le peu d'indications qu'il est possible de réunir.

La consistance exacte du fief héréditaire de la vicomté de Sens serait difficile à déterminer, à cause de l'inextricable enchevêtrement des droits que se partageaient les trois pouvoirs, l'archevêque, le roi, le vicomte. Il est certain qu'au treizième siècle, et antérieurement, l'archevêque possédait la moitié au moins de l'ancien comté et de la ville, spécialement la partie nord : les fiefs de Montereau, de Bray-sur-Seine, de Sergines, de Mâlay-le-Vicomte, de Pont-sur-Vanne, de Fontaine-la-Gaillarde, de Paron, etc., relevaient de ce haut seigneur ecclésiastique. La partie sud, ce qui dépendait autrefois du comte, relevait alors de la grosse tour de Sens, dite *Tour du roi* : c'était la possession du suzerain [2]. L'étendue des terres inféodées au vicomte devait donc être moins considérable : le roi avait dû se réserver le plus gros lot dans son domaine direct, comme nous verrons qu'il le fit pour les impôts commerciaux. Il n'avait pas partagé par moitié, comme faisait d'ordinaire le comte de Champagne à l'égard de ses vicomtes : néanmoins, à Sens comme à Provins, le fief du vicomte, tant en biens-fonds qu'en revenus, englobait une partie de la ville et des environs [3].

Le bourg de Mâlay-le-Vicomte, à la porte de Sens, fut vraisemblablement compris dans cette inféodation. Le nom seul de la localité, opposé à celui de Mâlay-le-Roi, qui se trouve à côté, un peu plus loin de la ville, le fait d'abord présumer. Les dénominations distinctives de *Maleium-Vicecomitis* et *Maleium-Regis* se rencontrent pour la première fois, l'une en 1187, l'autre en 1189 [4] : ce qui dénote une division du fief existant depuis assez longtemps déjà pour être consacrée dans le langage géographique. En 1167, Guérin, vicomte de Sens, accorda aux habitants de Mâlay des droits d'usage dans sa forêt d'Othe, la permission d'y prendre tout le bois mort pour brûler et pour construire, d'y recueillir des branchages pour

---

1. En 1205, Philippe-Auguste déclare que le passage des serfs des terres de Sens et de Moret sur les terres de Champagne, et réciproquement, sera réglé par les anciennes coutumes (Delisle, *Catal. des Actes de Philippe-Auguste*, p. 221).

2. *Cart. gén. de l'Yonne*, t. II, p. LXX et LXXI.

3. Voy. la *consistance de la vicomté de Provins*, dans Brussel, II, 678.

4. Quantin, *Dict. topogr. de l'Yonne*, p. 77. *Gallia Christ.*, XII, Prov. Se on., suppl., n. VI.

clore leurs héritages, d'y faire paître leurs troupeaux, etc. [1]. Cependant Philippe-Auguste, en octroyant à Sens sa charte de commune, en 1189, comprit dans la même concession le *faubourg et la paroisse de Mâlay-le-Vicomte*, sans faire aucune réserve ni mention des droits du feudataire [2].

Indépendamment du faubourg de Mâlay, le vicomte possédait encore en fief une portion de la ville même. Guérin, en mourant, l'an 1168, voulut être enterré chez les religieux de Saint-Pierre-le-Vif, et ceux-ci reçurent en rémunération une rente annuelle de deux muids de blé sur les moulins de la vicomté, sis à Sens, sur la Vanne [3]. Il avait déjà donné la pareille, conjointement avec son père, aux lépreux du Popelin, donation que Louis VII ratifia, en 1169, comme seigneur féodal [4]. Ces moulins, échus à Galeran du chef de sa femme, devinrent pour lui une source de luttes et de contestations : en 1180, il en céda la moitié à l'archevêque Guillaume, se soumettant à être son vassal pour le reste, et invoquant sa protection pour entrer en jouissance de l'héritage de son beau-frère, qui, paraît-il, lui était disputé [5]. La dénomination de *Moulins du roi* survit encore à Sens, et un titre de 1284 nous apprend que plusieurs d'entre eux s'appelaient aussi alors *les Moulins du vicomte*, quoique le vicomte n'existât déjà plus de fait [6]. Près du faubourg d'Yonne, Guérin avait aussi la jouissance d'une grande plaine dite *des Sablons*, qu'il abandonna à l'abbaye de Sainte-Colombe [7].

Aux environs, on retrouve la trace des fiefs, censives, ou droits féodaux qui suivent, appartenant au vicomte :

1° La terre de Nanteau, au moins en partie : Salon, en 1158, cède

---

1. « Hominibus in villa Malliaci commorantibus » (*Cartul. gén. de l'Yonne*, II, 192). Le vicomte emploie dans cette pièce une formule de suscription royale : « Ego Garinus, Dei gratia Senonice urbis vicecomes, omnibus... in Domino salutem. »

2. « In suburbio et in parrochia Malaii-Vicecomitatus, qui de communia erunt » (*Ibid.*, II, 406).

3. *Chron. de Clarius*, d'Achéry, II, 778. Guérin était un des bienfaiteurs de cette abbaye, dans laquelle on voyait autrefois son épitaphe.

4. *Cart. gén. de l'Yonne*, II, 212.

5. *Cart. gén. de l'Yonne*, II, 318. Peut-être faut-il rattacher à ces contestations l'anomalie, constatée plus haut, du titre de vicomtesse de Sens gardé par Hélisende, veuve de Guérin, quelque temps après la mort de son mari, quoiqu'elle n'eût pas hérité de la vicomté et qu'il y eût dès lors une autre vicomtesse, sa belle-sœur. Voy. p. 269.

6. « Molendina quæ dicuntur Regis et Vicecomitis. » (*Arch. de l'Yonne*, chap. de Sens.)

7. Tarbé, *Recherches sur la ville de Sens*, 1838 ; p. 258.

à l'abbaye de Saint-Jean-lès-Sens une rente de dix-huit setiers de grain à prendre sur sa grange *de Nantolio* [1].

2° Le domaine de Dollot (*herbergagium cum proprisia situm apud Doeletum*), donné par Galeran à Bernard l'Anglais, l'an 1182 ; Philippe-Auguste ratifie cette cession, parce que, dit-il, une part du domaine est dans la censive du vicomte, et l'autre dans la censive commune au vicomte et à lui [2].

3° Une part de l'immense forêt d'Othe, qui s'étendait depuis la rive droite de l'Yonne jusqu'à la région de la Champagne formant aujourd'hui le département de l'Aube, et que se partageaient le roi, l'archevêque de Sens, l'évêque de Troyes, et plusieurs abbayes. On a vu que le vicomte avait cédé aux habitants de Mâlay, en 1167, des droits d'usage sur *sa forêt d'Othe*, c'est-à-dire sur la portion qu'il avait en fief.

4° Des bois sur le territoire de Montbéon, dont le vicomte donne six arpents au prieuré de ce lieu, en 1184 [3].

5° Le moulin d'Ignart, mentionné comme étant du fief de la vicomtesse Ermesende en 1188, et cédé par elle à la même maison en 1190 [4].

6° La dîme des champs et des vignes situés au-delà de l'Yonne, depuis le bourg de Saint-Maurice (de Sens) jusqu'à Saint-Bond et Saint-Martin : la moitié de cette dîme est donnée à l'abbaye de Saint-Jean-lès-Sens par le chevalier Gilon, entre 1155 et 1160, et la donation est ratifiée par le vicomte Salon, comme seigneur féodal [5].

7° La dîme du territoire de Villethierry, sur laquelle certains revenus sont cédés aux religieux de Montbéon par Ermesende, en 1202 [6].

8° La pêche de la rivière de Lixy, dont Salon échange la moitié avec l'abbé de Saint-Jean-lès-Sens, contre certains droits sur l'étang

---

1. Nanteau-sur-Lunain, Seine-et-Marne, canton de Nemours. *Cart. de l'Yonne*, II, 93.

2. Dollot, Yonne, canton de Chéroy. *Ibid.*, II, 334.

3. Arch. de l'Emp., S, 2122, n. 62. Voy. p. 38. Montbéon *Mons-boum; Monboun* en français, au douzième siècle, comme on le voit ci-après, page 39) était un prieuré dépendant de Saint-Victor de Paris, situé près de Saint-Agnan, canton de Pont-sur-Yonne.

4. Près de Montbéon. Arch. de l'Emp., S, 2122, n. 60, 61. Voy. ci-après, p. 38. 39.

5. *Cart. gén. de l'Yonne*, II, 69. « Laudavit Salo vicecomes, de cujus feodo erat.» Saint-Bond, chapelle sur la commune de Sens; Saint-Martin-du-Tertre, sur l'Yonne, à 2 kilomètres de la même ville

6. Arch. de l'Emp., S, 2122, n. 1. Voy p. 40 — Villethierry est une commune du canton de Chéroy Yonne

et le moulin de Villethierry [1]. Cet échange eut lieu à la suite d'un différend entre les deux parties, qui fut réglé par l'intermédiaire de l'archevêque.

9° Le péage de Pont-sur-Yonne (en partie probablement); Salon et Guérin donnent aux lépreux du Popelin, à Sens, une rente de 210 sous à prendre sur son produit, donation ratifiée par Louis VII, en 1169 [2].

10° Un certain nombre de serfs à Granges et à Voisines, cédés en 1163 à l'abbaye de Saint-Jean par le vicomte Salon, avec l'assentiment de ses fils Guérin et Bouchard [3].

11° Un certain nombre de serfs de Pont-sur-Yonne, qui, étant devenus également un motif de contestation pour le vicomte et le chapitre de Sens, furent partagés entre eux par la même médiation, vers 1160 [4].

12° Des droits de protection et des redevances sur les hommes de l'abbaye de Sainte-Colombe, droits et redevances abandonnés à celle-ci en 1165 [5].

Cet aperçu ne saurait certainement représenter l'étendue de la vicomté, d'autant plus qu'il est basé sur des documents qui n'en révèlent que certaines diminutions ou modifications. Toutefois il donne l'idée des différentes espèces de biens inféodés qui la composaient. Il montre suffisamment que ces biens étaient disséminés sur la ville et l'ancien comté de Sens, dans un rayon assez étendu, mais sans former un corps de fiefs compacte. En outre, cet ensemble de possessions allait diminuant de jour en jour, par suite de donations incessantes, et sous la pression des puissants voisins qui avaient intérêt à l'absorber. L'archevêque, dont le pouvoir grandissait avec la faveur royale, la commune qui naissait, le roi lui-même, qui venait d'instituer ses grands baillis, et cherchait, comme les comtes de Champagne, à se débarrasser de lieutenants désormais plus gênants qu'utiles, étaient autant d'autorités qui rendaient la position des vicomtes difficile dès la fin du douzième siècle; aussi a-t-on vu l'un d'eux céder au prélat une part de son

1. *Cart. gen. de l'Yonne*, II, 92.
2. *Ibid.*, II, 212.
3. *Ibid.*, II, 155. Granges-le-Bocage, canton de Sergines; Voisines, canton de Villeneuve-l'Archevêque (Yonne).
4. *Ibid.*, II, 110.
5. *Ibid.*, II, 182.

fief pour acquérir sa protection et se garantir la paisible possession
du reste.

Il reste à examiner quelles étaient les fonctions du vicomte de
Sens. A l'origine, comme il a été dit, le roi l'avait institué pour
remplacer, dans une certaine mesure et sous sa suzeraineté, le
comte supprimé. Les vicomtes investis de cette sorte de lieutenance
étaient chargés, selon Brussel, du commandement des gens de
guerre et du gouvernement militaire [1]. Aussi la plupart de ceux que
l'on connaît sont-ils des chevaliers (*milites*). Dans les villes où le
seigneur féodal ne préposait pas de vicomte, il mettait ordinairement un châtelain, dont le rôle était presque le même : c'est pourquoi ces deux officiers ont été quelquefois confondus [2]. Cependant,
avant l'établissement des prévôts et des baillis, les attributions du
premier durent être plus étendues, et embrasser à la fois l'ordre
administratif et judiciaire. A la Ferté-sur-Aube, en Champagne,
même après la création du prévôt, le vicomte rendait tout comme
celui-ci la justice, et partageait avec lui comme avec le comte
l'exercice de la plupart des droits seigneuriaux [3]. A Sens, le prévôt
royal apparaît sous Louis VI, en 1108 : le roi lui défend, par un
acte de cette année, d'exercer de mauvaises coutumes sur les terres
de l'abbaye de Saint-Pierre-le-Vif, et il étend cette interdiction à ses
autres officiers résidant à Sens [4] ; ce qui doit concerner aussi
le vicomte. Le prévôt de Sens percevait les produits de la forêt
royale d'Othe, rendait la justice, levait les impôts, commandait
même les soldats et les bourgeois du roi [5] : autant de restrictions et
d'amoindrissements apportés successivement au ressort de la vicomté.

En 1189, surgit un nouveau pouvoir rival : la commune est insti-
tuée, ou plutôt rétablie par Philippe-Auguste, car elle avait eu déjà
sous Louis VII une existence éphémère [6]. Les priviléges octroyés
sont considérables : les bourgeois exercent même la justice sur les

1. Brussel, *l'usage général des fiefs*, p. 677.
2. *Ibid.*, p. 712.
3. *Charta Theobaldi III, comitis Campaniæ, de juribus tam sibi quam vice-
comiti in vicecomitatu Firmitatis super Albam pertinentibus.* Teulet, *Inv. du
Trésor des chartes*, I, 210.
4. « Nostris præpositis et ministris Senonensibus. » *Cart. gén. de l'Yonne*, I,213.
5. *Ibid.*, t. II, p. XIX et LIII.
6. Cette première commune, selon la chronique de Clarius, fut supprimée en 1149
par le pape et par le roi, qui l'avait établie trois ans auparavant, et cela à la suite du
meurtre commis par elle sur l'abbé de Saint-Pierre-le-Vif (D'Achéry, II, 770).

hommes du roi, et sont gratifiés du produit des amendes de la prévôté [1]. Dans la charte, nulle mention n'est faite du vicomte.

Enfin, l'année suivante, Philippe-Auguste crée ses grands baillis : celui de Sens apparaît officiellement en 1194; mais il dut exister dès l'année 1190, à en juger par un ordre donné cette année-là *à ses prévôts et baillis*, de maintenir en paix l'abbé et les moines de Preuilly [2]. Cette abbaye est du diocèse de Sens, et l'ordre ne peut concerner que le bailli de cette ville. Le nouveau magistrat a des attributions très-étendues, à la fois judiciaires et administratives. Il va tenir ses assises à Auxerre, et sa juridiction embrasse le Sénonais, l'Auxerrois, le Barrois, le Langrois, le Bassigny [3].

De tous ces faits, il résulte pour le vicomte une situation de plus en plus effacée. En effet les inconvénients des offices inféodés n'avaient pas tardé à se faire sentir aux rois. Partout le lieutenant rémunéré par des fiefs s'érigeait insensiblement en seigneur. Le vicomte de Sens s'était même donné un prévôt, qui souscrivait dans les actes après le prévôt royal, et lui-même souscrivait avant ce dernier [4]; tandis qu'en Champagne, à la Ferté-sur-Aube par exemple, le comte et le vicomte n'avaient qu'un prévôt commun [5]. Il entra donc dans la politique du roi de s'opposer à l'agrandissement de ces officiers fieffés comme à celui des barons les plus puissants. Il le fit en les remplaçant administrativement, par des magistrats rétribués simplement sur ses revenus, par des fonctionnaires étrangers à la noblesse : l'institution des prévôts, celle des baillis surtout, étaient deux grands pas faits dans cette voie. Les comtes de Champagne veulent en agir de même à l'égard de leurs vicomtes. Ils établissent à côté d'eux des baillis, qui rendent les premiers sans emploi, puis finissent par racheter à prix d'argent les fiefs composant chaque vicomté. Ainsi furent rachetées en 1210 la vicomté de Cuis, en 1248 celle de Provins, en 1259 celle de Troyes [6]. Dès l'année 1204, on voit Philippe-Auguste employer ce procédé pour la vicomté

1. *Cart. gén. de l'Yonne*, II, 405, 408, 468.

2. Arch. de l'Emp., K 192, n. 134. M. Larcher de Lavernade (*Hist. de Sens*, p. 71) dit que le roi institua en 1015 un bailli dans cette ville, avec des attributions très-étendues. Il confond sans doute avec le vicomte, dont il ne parle point, et qui encore n'a pu être créé avant 1055 : en 1015, le comte subsistait.

3. Quantin, *Dictiona. topogr. de l'Yonne*, p. IX et 132.

4. *Cart. gen. de l'Yonne*, I, 378; II, 59. « Hugo, præpositus regis ; Fulco, præpositus vicecomitis (en 1143). »

5. Brussel, *Usage gen. des fiefs*, p. 663.

6. *Ibid.*, p 692

d'Évreux : il l'acquiert du titulaire Royer de Mellent, en lui cédant deux terres pour compensation[1]. On sait que l'institution des baillis fut même pour ce prince l'occasion de supprimer le grand sénéchal de la couronne.

Le vicomte de Sens, réduit, comme on l'a vu, dans ses attributions et dans ses possessions, ne pouvait, lui non plus, subsister longtemps. Néanmoins ce ne fut pas le roi qui racheta son fief : ce fut l'archevêque qui acquit, en 1269, de Guillaume des Barres, fils de Pierre des Barres, et dernier titulaire, tous les droits qui lui restaient sur la vicomté, moyennant 1,500 livres[2]. Le prélat et ses successeurs prirent dès lors le titre de vicomtes ; mais, si la vicomté apparaît encore postérieurement, ce n'est plus qu'un nom.

Telles sont toutes les lumières que l'état actuel de la science permet de réunir sur ces vicomtes de Sens, qui n'ont eu qu'une durée de deux siècles au plus. Exposons rapidement celles que le document publié plus loin peut y ajouter, et en même temps celles qu'il peut fournir sur l'industrie ou le commerce de l'époque.

Ainsi qu'il a été dit, le tarif des coutumes et péages de Sens se rapporte par ses caractères extrinsèques, le langage et l'écriture, au commencement du treizième siècle, c'est-à-dire à la période où le vicomte de Sens n'est plus guère qu'un seigneur féodal, et n'a plus d'autre fonction que celle de percevoir les produits de son fief. Effectivement, rien, dans ce document, ne lui suppose un rôle administratif. Il avait son prévôt qui, sans doute, faisait payer les redevances, comme le prévôt du roi. Mais on peut préciser davantage la date de la pièce en question. Il n'y aurait point de difficulté à la placer dans la seconde moitié du règne de Philippe-Auguste, et telle est l'opinion d'un savant dont le témoignage en pareille matière équivaut à un argument, de M. L. Delisle. C'est l'époque où ce prince essentiellement régulateur, après avoir agrandi considérablement le domaine royal, fit procéder aux enquêtes, dresser les états et les comptes propres à en établir les revenus d'une manière officielle. La perte des titres de la couronne, tombés aux mains des Anglais à la bataille de Fréteval, en 1194, ne fut pas un des moindres mobiles qui le déterminèrent

1. Teulet, *Inv. du Trésor des chartes*, I, 270.
2. Arch. de l'Yonne, *Inventaire général de l'archevêché*, in-fol.; dix-huitième siècle. Je tiens ce renseignement et cette date, qu'on chercherait vainement ailleurs, de l'obligeance du savant archiviste de ce département, M. Quantin.

à cette reconnaissance générale. L'établissement de nouveaux pouvoirs dans la ville de Sens, la commune et le grand bailli, rendait une telle opération plus nécessaire encore pour cette partie du domaine. C'est l'époque aussi où furent rédigés un grand nombre de tarifs analogues, ordinairement en latin. Des enquêtes se faisaient en Champagne, au commencement du treizième siècle, pour établir et délimiter les droits respectifs des comtes et des vicomtes. Celle qui eut lieu pour la vicomté de la Ferté-sur-Aube remonte même à l'année 1190 [1]. A toutes les probabilités de cette date, il faut joindre les impossibilités que présenterait une date postérieure. Le vicomte disparaît en 1269; dès 1260, la commune se trouve avoir la jouissance de l'impôt sur les industriels, ainsi que le prouve un compte du maire Étienne Dallemant, à Saint-Louis [2]; on ne saurait donc songer à retarder jusque-là le règlement du partage de cet impôt entre le vicomte et le roi. Il y a plus : en 1223, Louis VIII, roi depuis deux ans, rendit à Nîmes une ordonnance qui, en confirmant la charte de commune octroyée à la ville de Sens par son père, y apportait certaines modifications : les revenus de la prévôté, cédés par Philippe-Auguste, étaient repris par Louis VIII, et les bourgeois, à la condition de servir dans les armées royales tout comme la noblesse, étaient tenus quittes de toute taille. Un article de cette ordonnance établit la règle suivante : si un membre de la commune est poursuivi par un réquisiteur pour un péage ou un droit de tonlieu non acquitté, et qu'il soit convaincu d'avoir réellement esquivé la loi, il en sera quitte en payant, outre la redevance, une amende de cinq sous [3]. Or cet article répond, si je ne me trompe, à une omission du tarif des coutumes et péages, qui, vers la fin, fixe l'amende de l'étranger coupable du même délit, amende s'élevant à soixante sous ou à sept sous et demi, suivant que la transgression aura été volontaire ou non, tandis qu'il ne détermine nullement l'amende due par les bourgeois en pareil cas [4]. Ainsi, de même que le tarif des péages paraît avoir été dressé en guise d'annexe

1. Teulet, *Inv. du Trésor des chartes*, t. 210.
2. Voy. l'*Histoire de la commune de Sens*, par M. Quantin, dans le Bulletin de la Société historique de l'Yonne, t. XI.
3. « Si ab homine vel femina communie pedagium vel tonleium apud Senonem requiratur, et requisitor dicto,... nominaverit,... quinque solid. tantum emendabit, et reddet pedagium vel tonleium. » *Ordonn. des rois de France*, XII, 318.
4. V. ci-après, p. 37. Cf. ces deux textes : le même serment est admis pour le bourgeois comme pour l'étranger, lorsqu'ils veulent infirmer le dire du requisiteur.

ou de corollaire de la charte de commune, l'acte de Louis VIII
semble expliquer et compléter à son tour ce tarif, et par conséquent
lui être postérieur. Ajoutons enfin qu'un passage des coutumes et
péages de Sens fait mention de la commune comme d'une institution récente, qu'il constate l'état de choses existant avant elle,
comme s'il intéressait encore la génération présente ou au moins
comme s'il vivait dans son souvenir [1]; et l'on aura, à défaut de preu-
ves directes, plus d'un motif raisonnable de rattacher ce document
au règne de Philippe-Auguste, ou tout au moins à l'une des deux
premières années de celui de Louis VIII.

Le vicomte de Sens jouissait donc, à l'époque indiquée, outre
les fiefs et censives du genre de ceux qui lui ont été reconnus plus
haut, d'une part du produit de l'impôt commercial établi dans cette
ville. Cette part lui avait été sans doute dévolue bien auparavant,
et peut-être dès l'origine, sans être réglée autrement que par la
coutume traditionnelle, par conséquent de manière à occasionner
plus d'un conflit. En 1148, on voit le vicomte Salon arrêter entre
Sens et Bray des marchands allant aux foires de Provins, et Thibaut,
comte de Blois, se plaindre du fait à l'abbé Suger [2] : il est vraisem-
blable que Salon n'avait pas agi ainsi sans avoir à réclamer d'eux
certains péages non acquittés. Le tonlieu de Sens est constaté plus
officiellement encore dans la remise que Philippe-Auguste en fit,
l'an 1189, à l'abbaye de Preuilly [3] : mais dans cet acte il n'est fait
aucune mention des droits du vicomte. Le tarif embrasse des droits
de tonlieu, de conduit, de travers, de barrage, de pontenage, de
montage, d'avalage, etc., divisés entre le roi et le vicomte, les uns
par moitié, les autres inégalement, et dans ce cas toujours à l'avan-
tage du roi. La plupart sont payables en argent, quelques-uns
en nature, comme ceux qui frappent les faucilles, les sèches,
les souliers, les fromages. L'immunité est assurée à quiconque
transporte le produit de ses récoltes ou achète pour sa consommation particulière. Le roi perçoit les droits de barrage, dus par les
marchandises qui pénètrent dans l'enceinte des barrières, à l'exclu-
sion du vicomte, qui n'y a part en aucun cas [4]. Une seule taxe est
attribuée par moitié à la ville : c'est celle que doit le marchand de
poisson de mer venu de Paris et débitant sa marchandise au mar-

1. Voy. p. 32. « Devant la commune n'estoit nus quites, » etc.
2. D. Bouquet, XV, 503.
3. Arch. de l'Emp., K 192, n. 134.
4. Voy. ci-après, p. 36. « Li rois m deniers por lou barraige, qui est suens par tout. »

ché [1]. Le *minager*, ou percepteur de l'impôt sur la mensuration du grain, a part à ce produit. Le *tonloier*, receveur du tonlieu, peut prendre pour un denier de fruits et un fromage, *ne de peiors ne de meillors*, sur chaque charretée de ces denrées. Le vicomte n'a rien à prétendre non plus sur les fromages, la cire et les anguilles de' rivière.

Mais ce dernier perçoit généralement la moitié des redevances imposées aux fabricants et marchands de draps, qui forment les articles les plus intéressants du tarif. Quoique d'après le cartulaire général de l'Yonne l'industrie du pays paraisse alors peu développée, la ville de Sens était le centre d'une certaine activité commerciale et ouvrière, qui avait pour principal objet les draps ou étoffes. Les foulons à draps se multipliaient sur les rivières voisines, et leurs produits figuraient tant aux célèbres foires de Champagne qu'à celle de Saint-Pierre-le-Vif de Sens [2]. Cette ville est au nombre des dix-sept villes *drapantes*, dont plusieurs listes ont été dressées au moyen âge, et qui étaient, en réalité, une cinquantaine au treizième siècle. Elle avait sa *moison*, ou mesure particulière, donnant la longueur légale de la pièce d'étoffe dans chaque pays de fabrique, et qui était, pour elle, de 36 aunes [3]. Enfin, ce qui montre toute l'importance de son industrie en ce genre, c'est que le comte Thibaut le Chansonnier, en 1222, exempta de tailles et d'exactions pendant dix ans des ouvriers de Sens venus à Troyes pour y faire des draps, à la condition toutefois qu'ils en feraient [4]. Aussi le tarif met-il en tête les taxes frappant cette matière : elles portent spécialement sur les *draps* faits à Sens avec du fil acheté à Sens, sur les *tapis*, les *aignelins* ou laines d'agneaux, les *pannes* et *pelicons de sauvagine*, ou vêtements de fourrures, les *toiles*, et diverses pelleteries.

Voici, au résumé, la liste des articles qui, d'après le tarif, étaient fabriqués ou vendus dans la ville, ou qui traversaient le territoire compris dans son *conduit* pour aller aux foires des environs :

1° *Étoffes, vêtements, et matières servant à les confectionner :* Chanvre, lin, fil, laine, drap, tapis, toile, guède, robe, pelisson, chausses, fourrures d'agneaux et de bêtes fauves; peaux, cuirs de vache, de cheval, d'âne et de loup, cordoan; souliers. Les guédiers

---

1. Voy. p. 34.
2. *Cart. gén. de l'Yonne*, t. II, p. xcix.
3. Bourquelot, *Études sur les foires de Champagne*, p. 251, 254.
4. *Ibid.*, p. 148, 149.

ou teinturiers, les pelletiers avec ouvroirs sont les industriels dé-signés dans cette catégorie.

2º *Bestiaux et bêtes de somme :* Chevaux et juments, poulains, vaches, veaux, mulets, ânes, moutons ou brebis, agneaux, porcs ou truies.

3º *Poissons :* Morues, harengs, anguilles salées, sèches, poisson de mer en général; anguilles douces, gros poisson et menuise, ou petit poisson de rivière.

4º *Autres objets de consommation :* Blé, pain, sel, aulx, miel, fromages (*moulés* et *taillés*), huile, pois et gras pois, pommes, amandes, figues, fruits en général, oint et bacon; vin, cidre, gre-nache; cire, suif, perrelle. Il est fait mention, en fait de corps de métiers, des bouchers, talemetiers ou pâtissiers-boulangers, et taverniers.

5º *Métaux et ustensiles :* Fer, acier, métaux en général; meules, ferrures de charrettes, armures, harnois, ornements divers; verres, écuelles; bateaux, nacelles, alléges. Les *feures* sont mentionnés dans le sens de charrons.

Presque tous ces objets figurent dans l'énumération des articles qui formaient les différentes branches du commerce des foires cham-penoises [1]. Les balles ou trousses de marchandises, les marchands allant à cheval, les chars et les bêtes de sommes chargées sont aussi soumis à des droits de passage, avec des distinctions qui rappellent en plus d'un point nos tarifs de patentes d'aujourd'hui. Il faut re-marquer que les menues denrées vendues au marché par des gens *assis par terre* ne doivent point de tonlieu. Les étalages aux fenê-tres ou à la halle (car la ville avait dès lors un marché couvert), le colportage en voiture ou à cheval, augmentaient au contraire les taxes dues pour chaque nature de marchandise.

Ce qui alimentait surtout l'activité commerciale de Sens, et ce qui devait augmenter considérablement le produit des droits de conduit ou de travers, c'est la situation même de la ville sur le passage des marchands qui se rendaient aux grandes foires de Champagne, et dont la plupart venaient d'Italie ou du midi de la France. La navigation de l'Yonne leur offrait de grandes facilités. Les bords de cette rivière, aujourd'hui déserts, présentaient à cer-taines époques le spectacle le plus animé : on y voyait toute espèce de barques, depuis la *grande nef*, chargée de denrées précieuses

1. Bourquelot, *Études sur les foires de Champagne*, p. 208 et suiv.

2

jusqu'à l'*alégement* destiné à la soulager et au batelet du pêcheur de *menuise*. A Sens, il s'était établi le long de la rive un faubourg commerçant, qui jouissait de franchises toutes particulières[1], le *bourg d'Yonne*, qui a conservé son nom jusqu'à nos jours. La foire de Lagny et celle de Provins, entre autres, sont désignées dans le texte du tarif, et un article spécifie même que les huiles qu'on transporte à la première seront assujetties à un péage particulier : on voit que l'immunité et la protection accordées par les comtes de Champagne aux marchands, sur le *conduit des foires*, ne s'étendaient pas jusque-là[2]. Le jour du marché de Sens, qui était dès lors le samedi[3], les trafiquants affluaient également, soit par terre, soit par eau, et ceux du Gâtinais arrivaient en ville par le pont, où les attendait le receveur du pontenage. Mais ce n'était pas seulement dans la ville que le roi et le vicomte percevaient le tonlieu : c'était à Saligny, à Maillot, à Saint-Clément, à Saint-Denis, à Cuy, à Évry, à Soucy, à Jouancy. Les droits de passage ou d'entrée se payaient dans un rayon plus étendu encore, répondant presque à l'ancien comté et limité par les *sept châteaux*, qui étaient Montereau, Marolles-sur-Seine, Bray-sur-Seine, Trainel, Villemaur, Joigny et Courtenay[4]. Les mêmes localités, plus Moret, se trouvent énumérées dans un acte de 1169, comme étant les bornes de la juridiction du préchantre de l'église de Sens[5]. Le territoire qu'elles enfermaient était donc à la fois une circonscription civile et ecclésiastique : on peut conjecturer que les fiefs de la vicomté étaient compris tous dans ses limites. L'archevêque, le roi, le vicomte se partageaient, comme je l'ai dit, ce territoire d'une manière très-irrégulière et même très-variable. La juridiction du premier était la plus considérable, et finit par devenir prépondérante ; mais le tarif des coutumes et péages n'en fait aucune mention, les droits du roi et du vicomte étant seuls en jeu dans la perception des impôts commerciaux.

1. Voy. p. 3?.
2. Voy. les *Études sur les foires de Champagne*, p. 325.
3. Le marché du samedi fut institué, dit M. Larcher de Lavernade (*Hist. de la ville de Sens*, p. 86), par la charte de Louis VIII en 1225. Il est évident, lorsqu'on se réfère au texte, qu'il n'y est nullement question de marché. V. *Ordonn. des rois*, XII, 318.
4. Voy. ci-après, p. 38; 39.
5. *Cart. gén. de l'Yonne*, II, 211.

J'ai nommé la philologie comme la première intéressée à la publication du document qui suit ; et cependant je n'ai pas fait ressortir les points qui sont de nature à exciter particulièrement cet intérêt. C'est que la lecture seule du texte peut offrir l'ensemble des types et des procédés de dérivation qui s'y rencontrent ; c'est aussi qu'il appartient à de plus habiles que moi de les élucider, d'en tirer les observations et les conséquences les plus propres à faire avancer la science de notre vieille langue. Je me contenterai de quelques remarques générales. Les règles de la grammaire du temps, moins sévères, mais plus logiques que celles de nos jours, sont, comme il a été dit, fidèlement observées ; et ceci est encore un indice d'ancienneté. La déclinaison subsiste : *li viscuens, au viconte; li peletiers, ouvreoirs à peletier; li porciaus, le porcel, des porciaus; li marcheanz, du marcheant*, etc. Les noms de lieu dont la forme latine se termine en *acum*, et la forme moderne en *y* ou *ay*, affectent la finale *ai* ou *i;* c'est un caractère que l'auteur du *Dictionnaire topographique de l'Yonne* signale comme commun à tous les vocables français du pays, depuis le douzième siècle jusqu'à la fin du treizième [1] : *Maalai, Cuisi, Evri*, etc. Les mots en *el* ou en *eu* sont généralement écrits avec la finale *au : siau*, suif; *miau*, miel; *quiaudre*, pour *queudre*, coudre. Enfin plusieurs termes présentent une forme archaïque assez rare, reproduisant clairement la racine ou expliquant la transition de celle-ci au dérivé moderne. Je n'ai besoin que de noter les expressions suivantes : *iqui*, pour ici; *suens* (type *suenus*), pour sien; *eive (aqua, ewa)*, eau; *Saint-Denise (Dionysius)*; *antre voies*, répondant à parfois; *où que que il aut nou de que que il veigne*, où qu'il aille ou d'où qu'il vienne; *que de barraige que de pontenaige*, tant de barrage que de pontenage ; et d'autres plus fréquentes, mais non moins caractéristiques, comme *aureques, à tote, autresin, murs (mulus), nes*, pour *ne les*, etc. On les trouvera en grand nombre dans le texte.

Une dernière observation reste à faire : elle concerne les monnaies, les poids et les mesures employés dans le tarif des coutumes de Sens. Les premières sont les monnaies ordinaires de Paris: le sou et le denier. Au-dessous, on rencontre l'obole ou le demi-denier, et la petite monnaie de France appelée en latin *pogesia*, représentant la demi-obole ou le quart du denier ; leurs valeurs res-

1 Introd. p. xx

pectives sont parfaitement déterminées par les articles qui les mentionnent. La dernière ayant revêtu dans le français différentes formes, et n'étant désignée ici que par l'abréviation *p°*, j'ai cru devoir la rendre par le type qui se rapproche le plus du latin : *pogeoise*. Les principaux poids spécifiés sont le *pois* (*pondus*), et la *sodée* (*solidata*), deux termes qui se prenaient pour la livre[1]; le *cent*, la *demie* désignent cent livres, une demi-livre. En dehors des poids, figurent certaines quantités vagues servant de base à des taxes : la *navée* ou charge d'un bateau, la *some*, charge d'un cheval ou d'un âne, la *havée* ou poignée, la *danrée*, quantité répondant à la valeur d'un denier; et d'autres plus déterminées, la *dozene* de lin ou de cordouan, la *tacre*, lot de dix cuirs, etc. Les mesures sont la *met* (*maita*) pour le sel, la *flasche* (*flachia*) pour les pois, la *paalée* et la *chauderée*, pour les suifs; le quarteron, la mine, le muid, le setier pour les grains, le sel et autres denrées[2]. Il est à remarquer que c'est la mesure de Paris qui est usitée, au moins pour le muid[3], quoique Sens eût ses mesures particulières, dont on trouve la trace dès 1189, dans une donation faite par Philippe-Auguste aux Lépreux de Sens[4]. Le rapport des mesures de ces deux villes entre elles était tel : le muid de Paris (douze setiers), pour le blé, valait neuf setiers et trois minels de Sens (le minel était le quart du setier); pour l'avoine, le muid de Paris valait quinze setiers et trois minels de Sens; pour le vin, le muid était égal dans les deux villes, et comprenait seize setiers, dix-huit en temps de vendanges[5]. Mais on conçoit que les mesures de Paris aient été préférées, puisqu'il s'agit des revenus du roi.

1. Voy. Du Cange, à ces mots.

2. Voy., dans les notes placées en regard du texte, des explications relatives à quelques-uns de ces termes.

3. Voy. p. 26.

4. « Unum modium frumenti ad mensuram Senonensem, et sex modios vini ad mensuram Senonensem. » *Cart. gén. de l'Yonne*, II, 373.

5. Voy. Du Cange, au mot *Modius*.

DOCUMENTS.

I.

COUTUMES ET PÉAGES DE SENS.

Ce sont les costumes et li paages de Sanz, le roi et au vilconte.

Qui achate à Sanz file, et il an fait à Sanz le drap, an quel que leu que il lou vande, il an doit à Sanz 1 denier, et autretant dou tapiz, viscuens la mitié, li rois l'autre.

De chascun drap où il a legne, si an doit cil qui le vant 1 denier, li viscuens la mitié, li rois l'autre.

Qui achate panne de sauvaigine¹ à Sanz, si doit 1 denier de la panne, et 1 denier dou peliçon², li viscuens la mitié, li rois l'autre.

De la panne d'eigniaus 1 obole, dou peliçon 1 obole, viscuens la mitié, li rois [l'autre] ³.

Se li peletiers quiaut⁴ piaus à Sanz, dom il face panne ou peliçon, an quel que leu que il les vande, il an doit à Sanz 1 obole de chascun chiés.

Chascuns chiés de sauvaigine où il a drap et panne ensamble⁵, si doit 11 deniers, li viscuens la mitié, li rois l'autre.

Chascune pièce de toille⁶ doit 1 obole dou va[ndre et] 1 obole de l'acheter⁷, li viscuens la mitié, li rois l'autre.

Qui achète à Sanz cheval, si an doit [1111 deniers dou vandre] et 1111 deniers de l'acheter, viscuens la mitié, li rois l'autre. Se li chevaus vient d'outre le pont ou il i vait, si doit v1 deniers;

---

1. Fourrure de bête fauve.

2. Vêtement garni de fourrures, comme on en portait beaucoup au moyen âge.

3. Autant que possible, je restitue entre crochets [ ] les mots qu'ont fait disparaître soit des déchirures, soit des trous dans le parchemin.

4. Du verbe quiaudre ou queudre, coudre.

5. Ce passage semble indiquer que le mot sauvagine désignait aussi une sorte de vêtement ou de couverture, faite en partie de peaux de bêtes. V. Du Cange, Sylvaticus.

6. Les toiles étaient, comme les draps, un des principaux objets qui se débitaient aux foires des environs. La longueur légale de la pièce était, pour les toiles sans doute comme pour les draps, de 36 aunes de Champagne. V. Bourquelot, op. cit., p. 251.

7. Le vendeur et l'acheteur devaient chacun une obole, ou un demi-denier.

lors n'i a li viscuens que ɪɪ deniers et obole, et li rois prant le remenent [1].

La jumanz doit ɪɪ deniers dou vandre et ɪɪ deniers de l'acheter, li viscuens la mitié, li rois l'autre. Se la jumanz passe le pont, si doit ɪɪɪɪ deniers dou vandre et ɪɪɪɪ deniers de l'acheter; lors n'i a li viscuens que ɪɪɪ, li rois ᴠ deniers.

Li setiers [2] de sel doit ᴠ pogeoises [3] dou vandre et autant de l'acheter, d'ome de la vile ou de famme de Sanz, viscuens la mitié, li rois l'autre.

Chascuns qui vant sel à Sanz doit ɪ carteron de sel chascun an, li viscuens la mitié, li rois l'autre. Se hom estreinges descharge sel à Sanz et il l'i vande, il an doit ɪɪɪ mines [4] de sel de la navée [4], et dou mui xᴠ deniers, au mui de Paris [6], li viscuens la mitié, li rois l'autre des ɪɪɪ mines de sel; mais li viscuens ne prant que ɪɪɪ deniers es xᴠ deniers, et li rois xɪɪ deniers.

Se hom estreinges achate vin por revandre, il an doit ɪɪ deniers dou tonnel, li viscuens la mitié, li rois l'autre. S'il l'an moine par le pont, si an doit ɪɪɪɪ deniers, que de barrage que de pontenaige que de barraige por la charraute; lors n'i prant li viscuens que ɪ denier por le pontenaige, et li rois ɪɪɪ deniers por lou barraige, qui est suens [7] par tout.

La some [8] de vin sor cheval, par le pont, doit ɪɪ deniers et obole, de barraige de pontenaige, li viscuens ɪɪɪ pogeoises; et sor l'arne, ɪɪɪ oboles, li viscuens ɪ obole, li rois ɪ denier; et par les autres portes, doit la some sor cheval ɪɪɪ oboles, li viscuens ɪ obole, li rois ɪ denier; et sor l'arne, ɪ denier, li viscuens ɪ pogeoise et li rois ɪɪɪ pogeoises.

---

1. On voit par cet article et plusieurs des suivants que le droit de *pontenage*, levé sur les marchandises qui franchissaient le pont, était divisé fort irrégulièrement : tantôt le vicomte n'en avait qu'une faible portion, tantôt les deux parts étaient égales.

2. Le setier (*sextarius*) varia de capacité suivant les temps et les lieux. A la mesure de Paris, qui paraît usitée dans cette pièce, douze boisseaux formaient un setier. Voy. le rapport fait en 1330 à la Chambre des comptes par les jaugeurs de la ville de Paris, cité par Du Cange au mot *Modius*.

3. Voy. ci-dessus, p. 24.

4. La mine était la moitié du setier.

5. Charge d'un bateau.

6. Le muids était de douze setiers. Voy. ci-dessus, p. 24.

7. *Suus, suenus,* sien.

8. *Sagma, sauma,* charge d'une bête de *somme.*

Li meuliers qui vant meules doit chascun an XVI [deniers por] son [meu]laige, et doit II deniers de barraige por sa charraute, viscuens néant; [et] se la charraute passe le pont, si doit II deniers de pontenaige, viscuens I denier, li rois I denier; es XVI deniers a li viscuens la mitié, li rois l'autre.

Li gaidiers [1] doit chascun an XVI deniers, viscuens la mitié, li rois l'autre, et doit II deniers por sa charraute de barraige, viscuens néant; et s'ele passe par le pont, II deniers de pontenaige, viscuens la mitié. Ceste costume cort à Seint Climant [2], et à Seint Denise [3], et as Greinchètes [4], et à Cuisi [5], et à Evri [6], et à Souci [7], et à Jouanci [8], et à Malciaut [9].

Se hom estreinges amoine fruit an ceste vile, et il l'i vande, li toulier [10] porra prandre dou fruit danrée [11] an la charrete, et an la charretée de fromaiges I fromaige, ne des peiors ne des meillors; an ce n'a li viscuens néant.

Chascune glanue d'auz doit I obole, li viscuens I pogeoise; et s'il la vant menuemant, II danrées d'auz, li viscuens I obole.

Chascuns qui vant faucilles à Sanz doit une faucille l'an, li viscuens la mitié, li rois l'autre.

La nacelle qui vient d'amont por vandre, d'un seul fust, jusqu'à la mote de Beigniaus [12] doit II deniers, viscuens la mitié, li

1. Le *gaidier* était celui qui teignait des laines avec la *guède* (*guaisdium*), ou pastel. Cette plante, qui donne une teinte bleu foncé, jouait un grand rôle dans la teinture des draps au moyen-âge. Elle était fort en usage chez les drapiers de Paris, de Troyes, de Provins. Le tonlieu de la guède existait dans cette dernière ville en 1222, date à laquelle le comte de Champagne en céda sa part à un citoyen de Crémone. Voy. Bourquelot, *Études sur les foires de Champagne*, p. 221-223.

2. Saint-Clément, village à 2 kilom. de Sens (canton nord).

3. Saint-Denis-près-Sens, à 4 kilom. de cette ville (canton sud).

4. Granchettes (*Granchettæ*), hameau de la commune de Saint-Denis-près-Sens.

5. Cuy (*Cusiacum*, au douzième siècle *Quisy*), village du canton de Pont-sur-Yonne.

6. Évry (*Evriacum*), village du canton de Pont-sur-Yonne.

7. Soucy (*Sociacum*), village à 6 kilom. de Sens (canton nord).

8. Jouancy (*Jovenciacum*), hameau de la commune de Soucy.

9. Maillot (*Masleotum*), village à 4 kilom. de Sens (canton nord).

10. Le tonlier était l'agent qui percevait le tonlieu, impôt marchand, appliqué plus spécialement au commerce maritime.

11. C'est-à-dire la valeur d'un denier, sens primordial de *denariata*.

12. Il n'y a, aux environs de Sens, d'autre nom de lieu se rapprochant de celui ci que *Bagneaux*, village du canton de Villeneuve-l'Archevêque, sur la Vanne; mais il ne peut être question de lui, car la Vanne n'est pas un cours d'eau navigable. Le droit dû par les bateaux devenant plus élevé lorsqu'ils dépassaient ce point, ne se-

rois l'autre ; et s'ele passe la mote, si doit iiii deniers, viscuens
la mitié, li rois l'autre. Qui vant à Sanz nacelle, si doit ii deniers
de tonli, et ii deniers d'avalaige [1], s'il l'an moine par Yone, viscuens la mitié, li rois l'autre; se peschierres de Sanz l'achate por
son user, il n'an doit riens tant qu'il la revande, et lors si an doit
ii deniers, viscuens la mitié, li rois l'autre.

La granz nes ou li alegemanz [2] qui vient d'amont, s'ele ne
passe Sanz, si ne doit que iiii deniers, viscuens la mitié, li rois
l'autre; et s'ele passe la mote de Beigniaus, si doit viii deniers
d'avalaige, li viscuens n'i a que ii deniers, et li rois le remenent :
et s'ele monte et ele ne p[asse Sanz], ne doit que iiii deniers,
viscuens la mitié, li rois l'autre ; et s'ele [passe la mote], si doit
viii deniers de montaige, lors n'i a li viscuens que ii deniers, et
li rois le remenent.

Li cuir qui passent parmi Sanz, se il passent les vii chastiaus,
doivent iiii deniers de chascun lot de conduit, li viscuens la mitié,
li rois l'autre ; et s'il remenent dedanz les vii chastiaus, il ne
doivent que barrage, li viscuens n'i prant néant; et s'il passent
par le pont, si doivent pontenaige, ii deniers por la charrete,
viscuens la mitié, li rois l'autre; et s'il passent par le lonc de la
vile, si doit la charrete iiii deniers que de barraige que de pontenaige; an ce n'a li viscuens que i denier por le pontenaige, et li
rois les iii deniers : et s'il passent les vii chastiaus, si doivent

<hr />

tait-il pas plus rationnel de voir dans la *motte de Bagneaux* une digue construite
auprès de *Sens*, du côté de *Bagneaux*, c'est-à-dire vers un des confluents de l'Yonne
et de la Vanne, digue qui aurait servi de limite d'octroi pour les marchandises des-
cendant la première de ces rivières ? Ce qui l'indique, c'est l'article suivant : si le
grand bateau qui vient d'amont, dit-il, ne passe point Sens, il ne doit que quatre
deniers; s'il passe la motte de Bagneaux, il en doit huit. Le second cas est évidemment opposé au premier : la motte de Bagneaux est identifiée, comme situation, à
l'entrée de la ville. Le nom de *Motte*, appliqué à tant de localités au moyen âge,
ne provenait souvent que du voisinage d'une digue. On trouve, près du confluent de
la Vanne, la *Motte Cesar* ou *Motte-Ciar*. Je soumets toutefois cette interprétation
au jugement de ceux qui peuvent avoir une connaissance approfondie des lieux. La
mote de Beigniaus est aussi désignée plus loin comme une des bornes du *conduit
de Sens* (voy. p. 37).

1. Du Cange explique ce terme par le droit de mettre des nasses ou autres appa-
reils pour prendre le poisson. Ce passage, et plus encore le passage suivant, donnent
à entendre qu'il s'agit plutôt ici du droit levé sur le bateau qui descendait l'Yonne,
par opposition au *montage*, mentionné plus loin.

2. Proprement, l'action de décharger un bateau *alleviamentum* : mais ce mot
est ici synonyme d'allège, barque servant à alléger la charge d'une autre.

iiii deniers por le lot, li viscuens la mitié, li rois l'autre, ou xx deniers por la charretée, le quel que li marcheanz voudra miauz, li viscuens ix deniers, li rois xi deniers.

Savoir devez quel sont li vii chastiau : Mosterriaus[1], Merroles[2], Breiz[3], Treigniaus[4], Vilemors[5], Joeignis[6], Cortenaiz[7].

Bacon qui passent parmi Sanz, s'il passent les vii chastiaus, si doit chascuns i obole de conduit, li viscuens la mitié, li rois l'autre; et se li oinz est auvec le bacon[8], li bacons et li oinz sont quite por i obole, viscuens la mitié, li rois l'autre; li oinz sanz le bacon doit i obole, viscuens la mitié, et li bacons sanz l'oint i obole, viscuens la mitié, li rois l'autre; et s'il [sont an charrete] et il ne passent les vii chastiaus, si doit la charrete [ii deniers de] barraige, viscuens néant; et s'il passent par le pont. ii deniers por la charrete de pontenaige, viscuens la mitié, li rois l'autre; et s'il sont an nef si doivent autant com an charrete, et si doivent la costume de la nef, viscuens la mitié.

Huilles qui passe parmi Sanz, et il passe par autre les vii chastiaus, et il veit an la foire de Leigni, si doit i obole la some de conduit, viscuens la mitié; et par eivè, doit la costume de la nef, viscuens ii deniers; et par terre, la costume de la charrete, viscuens i denier por le pontenaige, et par les ii deniers de barraige viscuens néant. Se la nex passe dès Ponton[9] jusqu'à la mote de Beigniaus, et il vait aillors que à Leigni, où que que il aut nou de que que il veigne, si ne doit seulement que la costume de la nef, et par terre la costume de la charrete; lors si est devisié si come il est desus.

La paalée de siau [10] doit i obole de conduit, viscuens la mitié;

1. Montereau (*Musteriolum*).
2. Marolles-sur-Seine (*Merrolæ*), Seine-et-Marne, canton de Montereau.
3. Bray-sur-Seine (*Braicum*), Seine-et-Marne, arrondissement de Provins.
4. Trainel (*Triagnellum*), Aube, canton de Nogent-sur-Seine.
5. Villemaur (*Villemauri*). Aube, canton d'Estissac.
6. Joigny (*Joriniacum*).
7. Courtenay (*Curtiniacum*), Loiret, arrondissement de Montargis.
8. Le *bacon* est le porc salé, l'*oint* la graisse ou la partie du porc dont on la tire.
9. Cet endroit, désigné également plus bas comme la limite du *conduit* de Sens opposée à la motte de Bagneaux (voy. p. 37), pouvait être, comme cette dernière, aux portes de la ville. Il faut remonter jusqu'au-dessus de Joigny pour trouver un village du nom de Ponton, ayant existé autrefois sur le bord de l'Yonne.
10. La *palle* ou pelle servait à mesurer diverses denrées. On trouve plus bas (p. 31) le *siel* ou *siau* assimilé à l'*oint*; ce qui fait supposer, en dépit des règles étymologiques, que ces mots désignent ici plutôt le *suil* (*scupum*, *su u*) que le sel :

la chauderée ¹ ı denier, viscuens la mitié; ou por la charretée xx deniers, fors que tant que li rois prant avant son barraige; lors n'i a li viscuens que ıx deniers, et li rois xı deniers por son barraige.

Se hom de la comune met huille an l'eive, il n'an doit néant; et se hom estreinges qui ne soit pas de la comune met huille an l'eive, si doit ı obole de la some, li viscuens la mitié, li rois l'autre.

Nus por nule costume n'est quites de peison de mer, ne de fer, ne d'acier, ne de miau², ne de tacre³, s'il est marcheanz.

Chascuns metauz doit conduit, la charretée xx deniers dou lonc; iqui prant li viscuens ıx deniers, et li rois xı deniers : et dou travers⁴ doit ııı sols et ıı deniers; li viscuens i prant xvııı deniers, et li rois xx deniers.

Li trossiaus doit dou travers vıı deniers, li viscuens ıııı deniers, et li rois ııı deniers; et vı deniers dou lonc, li viscuens ııı deniers et obole, et li rois ıı deniers et obole; et la bale autresin vı deniers, li viscuens ıı deniers et obole, et li rois ııı deniers et obole.

La trosse dou travers doit ıııı deniers, li viscuens ııı oboles, li rois ıı deniers et obole; et dou lonc v deniers, li viscuens ıı deniers, li rois ııı deniers.

Amandes, figues, perrelle⁵, pome, cytre ou grenace⁶, li fis

celui-ci, du reste, se trouve dans toute la pièce sous la forme *sel*. V. Du Cange, au mot *Sieu*.

1. La *chauderée* était une mesure usitée pour les graisses. « *De la chauderée de rèmes* (saindoux· un denier » (Du Cange, au mot *Chauderea*).

2. Du Cange parle d'un droit qui se percevait sur le miel (*melagium*).

3. Lot de cuirs, au nombre de dix.

4. Le passage en long (dans le sens de la longueur du territoire), et le passage en large, donnent lieu à deux taxes, dont l'une est tantôt plus faible que l'autre, et tantôt plus élevée.

5. Sorte de terre blanche qui entrait dans la composition de certains remèdes.

6. *Garnachia*, espèce de vin blanc, d'après Du Cange. Autant que je me rappelle, on nomme encore *guernache*, dans quelques provinces, une boisson faite avec des fruits : la place que cette denrée occupe ici indique une liqueur analogue. Avait-elle la même vertu que celle qui se fabrique aujourd'hui à Cette sous le nom de vin de Grenache? On peut le croire, d'après cette appréciation du *Secretum secretorum*, composé au treizième siècle par Jofroi de Waterford : « Le vin vernache est de millior condition, car il est atempréement fort, et flaire tres douchement ains qu'il vienque à la bouche, les narines salue, et conforte la cervelle, bien prent al palais, et point sens bleschier, al cuer donne joie et leesche, et, courtement à dire, de tous vins ce est le pervenke (Bibl. imp. mss. fr. 1822). » Grenache n'est pas un nom de terroir :

sauz teinture, legne, fruit ques que il soit, fromaige mollée, estaillée, chanvres tauz ne doivent rien de conduit, mais barrage, viscuens néant ; et de pontenaige, ıı deniers la charraute, viscuens ı denier : tot autres avoirs doit conduit ; lors prant li viscuens si come il est desus devisié.

Se home van cire, si doit ıııı deniers dou cent, viscuens néant ; et s'il vant siel ou oint, si doit ıııı deniers dou cent dou vendre et ıııı deniers de l'acheter, viscuens la mitié, li rois l'autre.

Cheval qui sont à vandre et vont an la foire, et passent dou travers, doit li chevaus vıı deniers, viscuens ıııı deniers, li rois ııı deniers ; et dou lonc, vı deniers, li viscuens ıı deniers et obole, li rois ııı deniers et obole. Li murs[1] doit autretant come li chevaus ; et s'an le moine de marchié an marchié, si ne doit que ı denier de barraige, viscuens néant ; et s'il vient par le pont ou il i vet, si doit ı denier de pontenaige, viscuens la mitié, li rois l'autre.

Li arnes chargiez doit vı deniers de conduit, viscuens la mitié, et ı obole de barrage, viscuens néant ; et dou lonc, v deniers et obole, viscuens ıı deniers et obole, li rois ııı deniers.

La flasche[2] de poiz doit ı obole de conduit, li viscuens la mitié : ou por la charretée, xx deniers dou lonc, viscuens ıx deniers, li rois xı deniers ; et dou travers, si doit ıı sols et ıı deniers, li viscuens xvııı deniers, li rois xx deniers por son barrage.

Li mostons, la berbiz doivent ı obole de pontenaige, et dou travers ı pogeoise, li viscuens néant, que c'est barrages.

Li porciaus doit ı denier dou lonc, li viscuens ı pogeoise, et dou travers[3] de barrage, li viscuens néant ; et la vaiche doit autant come li porciaus ; et li beus doit ıı deniers dou lonc, li viscuens ı obole, et ı denier dou travers, viscuens néant, car c'est barrages.

Marcheant qui passe à cheval dou lonc doit ıı deniers ; li viscuens ı prant ı obole ; et dou travers, ı denier, viscuens néant.

on ne peut, en raison de la composition de cette liqueur, y voir autre chose qu'un dérivé de granaticum.

1. *Mulus*, murs, mulet : plus haut *asinus*, arnes, âne.

2. *Flachia*, sorte de vase ou de mesure que Du Cange indique précisément comme employée en Champagne pour les pois : « *Li sas de pois et de warpot* (vesces), ou *deniers, et la flache une obole* » (Coutume de Troyes).

3. Il manque sans doute ici les mots *un denier* ou *une obole*.

Li peschierres foreins de gros peissons, s'il les achate, doit
II deniers la semeine, et de menuise[1] I denier; li viscuens n'i
prant néant.

Devant la comune n'estoit nus quites por la costume de Maalai[2], s'il ne mostroit par quoi il an devoit estre quites, et co-
venoit qu'il an amenast les menistres de trois poestez[3].

Li taverniers qui prant gaiges et il les vant, n'an doit pas tonli
s'il ne vaut XII deniers ou plus; et s'il vaut plus de XII deniers,
si an doit tonli, viscuens la mitié.

Nule beste qui ait randu barraige ne pontenaige, s'il revient
dedanz les VIII jorz, n'au paie riens.

Chascuns chiés de robe sanz panne doit I obole, viscuens la
mitié.

Se aucuns vant sa robe por son besoign, il n'en doit riens.

Se aucuns aporte cuir à son col por vandre et il vient par le
pont, il doit I denier, viscuens I pogeoise; et à cheval, II deniers,
li viscuens I obole : et s'il vient par les autres portes, I obole,
viscuens néant; et à cheval I denier, viscuens néant, car c'est
barraiges; et s'il est d'ocise de lous, il n'an doit riens[4].

Qui achate cuir de cheval, si doit II deniers dou tuaige, viscuens
la mitié; et cil qui le vant doit I denier, viscuens la mitié : et dou
cuir d'asne, I obole; et cil qui l'achate, I obole, viscuens la mitié.

Nus ne doit estre quites por la costume dou bore d'Yone[5], s'il
n'i a tel maison où il puisse menoir se metiers li est : et s'aucuns
achate maison ou bore d'Yone, il n'an sera pas quites s'il n'i
meint ou il ne l'achate de son oir; et lors li covanra jurer qu'il
ne l'a pas achetée por tolir la costume le roi.

Li cenz de morues doit VIII deniers dou vandre et VIII deniers
de l'acheter, viscuens la mitié, li rois l'autre.

Harans doit li millers IIII deniers dou vandre et IIII deniers
por l'acheter, viscuens la mitié, li rois l'autre.

---

1. *Menusia*, petit poisson en général.

2. Màlay-le-Vicomte ou le Grand, bourg tout voisin de Sens, qui fut compris par
Philippe-Auguste dans la commune octroyée à cette ville en 1189.

3. C'est-à-dire, selon le sens le plus probable, qu'il fit venir, pour le certifier, des
témoins pris parmi les officiers de trois juridictions ou de trois territoires différents.

4. Les traces de recompenses ou d'immunités accordées aux tueurs de loups, qui
deviennent si frequentes au quatorzième siècle, ne se retrouvent guère qu'à partir
du commencement du treizième. Celle-ci est peut-être une des plus anciennes. Voy.
Du Cange, au mot *Luparius*, et Brussel, *l'sage gén. des fiefs*, t. II, p. CXI.

5 V. page 22.

De gras pois les xx sodées ¹ ɪɪɪɪ deniers dou vandre et ɪɪɪɪ deniers por l'acheter, viscuens la mitié, li rois l'autre.

Li cenz d'einguilles salées doit ɪɪɪɪ deniers dou vandre et ɪɪɪɪ
deniers por l'acheter, viscuens la mitié, li rois l'autre; es einguilles douces n'a li viscuens néant.

Li milliers de soiches ² doit ɪɪɪɪ deniers; mais cil qui les af-
feite et vant de sa mein n'an doit riens, fors que seulemant
ɪɪ soiches au tonleer; an ce prant li viscuens la mitié, li rois
l'autre.

Li feures ³ doit de chascune ferreure de charrete la mitié
[ɪɪ deniers] ⁴.

La some de fer doit ɪ obole, viscuens la mitié, li rois l'autre.

Nus aornemauz d'ome ne de cheval, come d'armeure ne d'autre harnois, ne doit riens de tonli, ne de paage, ne de conduit.

Se hom estreinges vant orex ⁵, si doit de la dozene ɪɪ deniers,
viscuens la mitié; et se hom les aporte par le pont à pié, si doit
ɪ denier, li viscuens ɪ pogeoise, li rois ɪɪɪ pogeoises; et à cheval
ɪɪ deniers, li viscuens ɪ obole et li rois ɪɪɪ oboles por son bar-

---

1. *Solidatæ*, pour *livres*.

2. Il se faisait au moyen âge une grande consommation de *sèches* (*sepix* ou *siccæ*).
Ce poisson servait à la fois d'aliment, d'ingrédient pour la composition de l'encre,
et sans doute à d'autres usages encore. Il entrait dans la nourriture ordinaire des
moines de Cluni : c'était bien là, en effet, un mets d'ascète. Les sèches de Coutan-
ces avaient une réputation proverbiale au treizième siècle. Au douzième, d'après la
coutume de Verneuil, la charretée de sèches, comme ici le millier, payait un tonlieu
de quatre deniers (V. Delisle, *Des revenus publics en Normandie*, Bibl. de l'École
des Chartes, 3ᵉ série, t. II, p. 428, et Du Cange, au mot *Sepia*). Ce passage indique
que les sèches subissaient une certaine préparation avant d'être livrées au consom-
mateur.

3. Ce terme, qui s'applique d'une manière générale aux ouvriers travaillant le fer,
désigne ici le charron.

4. Les mots « deux deniers (ɪɪ d.) » sont d'une écriture un peu postérieure.

5. Ce mot n'est pas douteux quant à l'écriture, mais il peut le sembler quant au
sens. Il est question de poisson dans les deux articles qui suivent : ne peut-on pas
en induire qu'il s'agit de la brème ou brame de mer, poisson large, aux écailles do-
rées, appelé par cette raison *aurata* ou *orala*, terme qui a produit dans les idiomes
méridionaux *drada, dorade, orade*, et qui aura fait dans celui du nord *oré, orée*
(Voy. Du Cange, Diefenbach, Ménage, Dict. de Trévoux, à ces mots)? La rareté et la
grosseur de ce poisson par rapport au hareng, spécifié immédiatement après, explique la forte différence des taxes imposées sur chacun d'eux. Je doute que le
sens de *faisan* (Voy. Diefenbach : « *Orex* ou *orix, onix, fasianus* ») soit destiné
à rallier beaucoup de suffrages.

rage; et par lou travers à pié 1 obole, viscuens néant, et à cheval 1 denier, viscuens nciant.

Se harans vient devers Provins et il passe parmi Sanz, si doit li milliers 11 deniers de conduit, li viscuens la mitié; et si doit 11 deniers de barrage por la charrete, li viscuens néant.

Se aucuns marcheanz amoine peisson de mer de Paris et il soit meuz por venir à Sanz, s'il an vant autre voies an vile où marchiez ne quevre mie [1], il am paic toute la costume à Sanz; et se il an vant an vile où marchiez quevre et soit [2], la mitié de la costume sera à la vile, et l'autre mitié sera à Sanz, viscuens la mitié, li rois l'autre.

Se hom estreinges achate blé à Sanz, il an doit de chascun mui 1111 deniers, viscuens la mitié, li rois l'autre; et le jor qu'il l'arive, si doit de chascune charretée 1111 deniers, li viscuens 1 denier, li rois 111 deniers.

Se hom estreinges achate blé à Sanz et il l'an moint aillors por vandre, si doit por la charretée 11 deniers de tonli, viscuens la mitié, et 11 deniers de barrage, viscuens néant; et s'il passe par le pont, si doit ancor 11 deniers de pontenaige, viscuens 1 denier, li rois l'autre; et s'il l'achaste au mui, si an doit 1111 deniers de chascun mui de costume, viscuens la mitié, li rois l'autre.

Se marcheanz amoine blé à Sanz por vandre, et il l'amoint par le pont, si doit por la charrete 11 deniers de barrage et 11 deniers de pontenaige, viscuens 1 denier, li rois 111 deniers.

Chascune fenestre où l'an vant fromaiges doit 11 sols l'an, viscuens néant.

Chascune chaudière où l'an taint doit 1111 deniers l'an, viscuens néant.

Chascuns ouvreoirs à peletier doit 1111 deniers l'an, viscuens néant.

Chascuns qui vant sollers de vaiche ou marchié doit 1111 peire de sollers de vaiche l'an, viscuens la mitié, li rois l'autre.

---

1. C'est-à-dire, comme le montre le cas spécifié ensuite, en dehors des marchés couverts ou des halles. On a dit, en effet, *cooperta, couverte* ou *couvertiz*, pour désigner ces emplacements. Voy Du Cange, au mot *Cooperta*.

2. *Ubi mercatus cooperit et sepit*; ou bien, ce qui revient au même, *ubi mercatus cooperit et solum* (*solum*, haie ou clôture). Le mot *marchiez*, écrit au cas sujet, ne permet guère d'interpréter autrement ce passage.

Chascuns qui vant cuir ou marchié si doit xxxii deniers l'an, viscuens la mitié.

Chascuns pois[1] de file de legne doit i denier dou vandre et i denier de l'acheter, viscuens la mitié, li rois l'autre.

Chascuns pois d'eignelins[2] doit i denier dou vandre et i denier por l'acheter, li viscuens néant; et cil qui l'achate por draper n'an doit riens.

Li quarterons de piaus doit iiii deniers dou vandre et iiii deniers por l'acheter, li viscuens la mitié; et s'il les achate menuement, si doit i pogeoise de la pel, viscuens la mitié.

Chascuns quarterons de legne doit iiii deniers dou vandre et iiii deniers por l'acheter, viscuens néant; et qui la vant menuement, si an doit i pogeoise por chascune toison, li viscuens néant.

Chascune dozene de cordoan[3] doit ii deniers dou vandre et ii deniers por l'acheter, viscuens la mitié.

Qui achate chanvre à Sanz, si doit ii deniers por la charretée, viscuens la mitié, et i denier de celui qui le porte à col par la cuillaute, viscuens la mitié.

La grosse dozene de lin doit ii deniers dou vandre et ii deniers por l'acheter, viscuens la mitié.

Se charz passe parmi Sanz, si doit iiii sols et iiii deniers dou lonc, li viscuens xviii deniers, li rois xxii deniers : et s'il passe dou travers, si doit vi sols et iiii deniers; li viscuens i prant iii sols, et li rois iii sols et iiii deniers, c'est à savoir por son barraige.

Chascuns qui vant sel ou marchié doit iii havées[4] de sel la semeine, li viscuens la mitié, li rois l'autre, mais que li viscuens prant avant d'une met[5].

1. *Pondus* pris pour *livre*, la livre étant considérée comme l'unité de poids.

2. Laines d'agneaux.

3. Les cuirs de Cordoue, préparés à la façon du maroquin, se répandirent de bonne heure en France, et leur nom, d'où est issu celui de *cordouannier*, s'étendit aux imitations qu'on en fit pour les chaussures, la sellerie, les équipements, etc. Le *cordouan* dont il est question ici est évidemment de cette dernière catégorie. On en fabriquait en Champagne, et il figurait en abondance aux foires du pays. Voy. Bour- quelot, *Études sur les foires de Champagne*, p. 272, 273.

4. *Havata* signifie à la fois le droit de prendre au marché une poignée des den- rées qui s'y trouvent, et cette poignée elle-même.

5. *Matta*, vase qui servait à des usages variés, et qu'on trouve précisément dési- gné dans un cartulaire de Saint-Marien d'Auxerre, en 1180, comme mesure de sel. Voy. Du Cange, à ce mot.

Chascune peire de chauces que l'an vant doivent i pogeoise, viscuens la mitié.

Chascune charretée de pein qui vient ou marchié doit ii deniers de barrage, viscuens néant, et i obole d'estelaige, viscuens la mitié; et se la charrete passe par le pont, si doit ii deniers, viscuens la mitié.

Chascuns boichers doit au diemeinche i denier de coppaige, et li estreinges le paient au samedi[1]; viscuens i prant le tierz.

Chascuns muis de miau doit iiii deniers dou vandre et iiii deniers de l'acheter, viscuens la mitié.

Tuit cil qui siéent à terre ou marchié por vandre menues choses qui ne doivent pas tonli, si paient i obole, viscuens la mitié; mais cil qui vandent la cire doivent plus demie[2] de cire, viscuens néant an la cire.

Qui achate blé à Sanz et il l'an moint sor i asne, si an doit i obole de tonli et i obole de barrage, viscuens i pogeoise et li roi iii pogeoises.

La paalée de siau doit i obole dou vandre et i obole de l'acheter, viscuens la mitié; et la chauderée[3] i denier dou vandre et i denier por l'acheter, viscuens la mitié; ou la charretée xx deniers, lequel que li marcheanz voudra miauz, viscuens ix deniers et li rois xi deniers por le barrage.

Li peschierres de Sanz de gros poissons doit ii deniers la semene, et i denier de la menuise, viscuens néant.

Cil qui vant ferreure de charrete doit ii deniers dou vandre, et ii deniers por l'acheter, viscuens la mitié.

Li tonlis de Saleigni[4] et de Malciaut Saint Pere[5] et de Saint Climent[6] est de la costume de Sanz.

Chascuns talemetiers[7] de Sanz doit xii deniers as huitaves de la Seint Jehan, et xii deniers as huitaves de la Tosainz, et xii de-

---

1. Cette redevance hebdomadaire était payable par les étrangers le samedi, parce que le marché de Sens avait lieu dès lors ce jour-là. Voy. la page suivante.

2. Une demi-livre.

3. Voy p. 29, note 10, et p. 30, note 2.

4. Saligny (*Saliniacum*), village à 6 kilom. de Sens.

5. *Maillot-Saint-Pierre* (voy. plus haut, p. 27, note 9), ainsi nommé à cause du voisinage de Saint-Pierre-le-Vif, dans le bailliage duquel il se trouvait avant la révolution, et qui n'est plus aujourd'hui qu'un faubourg de Sens

6. Voy. p. 27, note 9.

7. *Talemetarius* ou *talemelarius*, pâtissier-boulanger.

niers as huitaves des Brandons ; li viscuens i prant le tierz : et
s'il nes paient au jor qui sont nomé, il l'amanderont au mina-
chier et au vilconte. Ceste costume apartient au minaiche[1].

Saichiez que li conduiz de Sanz dure dès la mote de Beigniaus
jusqu'à Ponton, et dès le Ru d'Arces jusqu'au Beou Viell[2] ; et se
cil qui chiéent an ces bones ne paient lor panige à Sanz, ou lor
costume, il sont an l'amande de Sanz ; et monte l'amande de l'es-
treinge home LX sols, s'il set qu'il i oit paage et il l'amporte ; et
s'il viaut jurer qu'il ne savoit mie qu'il i aust paage ne costume,
il en sera quites por VII sols et demi : li viscuens prant XXX deniers an l'amande de LX sols, et autant an cele de VII sols et
demi.

Qui vant oint à Sanz au samedi si doit demie d'oint ; li viscuens
i prant le tierz.

Qui vant escueles le samedi ou marchié si doit I escuele au
vilcont d'estelaige. Qui les moine sor I asne, I escuele ; et sor
cheval, II escueles ; et an charraute, II escueles ; et au char,
VIII escueles, d'où que que il veignent.

Qui vant voirres[3] à estal, aussin des voirres come des escueles ; li viscuens prant totes les escueles, et la mitié es voirres, li
rois l'autre.

Berbiz à tote la legne qui sont vandues ne doivent rien.

Qui achate por son meingier porcel, il n'an doit riens.

Qui achate legne ou file por son vestir, il n'an doit riens.

Qui amoine blé à Sanz d'outre Yone de son gaaignaige, ne
d'où que que il vegne, il n'an doit ne tonli, ne barraige, ne pontenaige ; et s'il i a meslé blé aveques qui soit achetez, il doit
tote sa costume.

La truie aquite ses petiz porciaus, la berbiz l'eignel, la jument
le polein, la vaiche le veel.

---

1. Le minager est le percepteur de l'impôt sur la mensuration des grains ou des
vins, appelé le *minage* : mais ce dernier terme signifie aussi le marché où se vend
le grain.

2. Le *Cartulaire* et le *Dictionnaire topographique* de l'Yonne ne contiennent
aucune indication sur ces différents lieux-dits. Le *Ru de Mondereau* et plusieurs
autres petits bras de la Vanne traversaient la ville. Voy. plus haut. p. 27, note 1re.

3. Verres de toute espèce.

II.

RATIFICATION PAR GUI, ARCHEVÊQUE DE SENS, D'UN DON DE
SIX ARPENTS DE BOIS FAIT AU PRIEURÉ DE MONTBÉON PAR GA-
LERAN, VICOMTE DE SENS, ET SON ÉPOUSE ERMESENDE. 1184.

(Arch. de l'Emp., S 2122, n. 62.)

Guido, Dei gratia Senonensis archiepiscopus, omnibus ad
quos littere iste pervenerint in Domino salutem. Notum fieri
volumus quod venientes ante nos Gualerannus vicecomes Senonensis et Ermensenz uxor ejus concesserunt et donaverunt im-
perpetuam elemosinam Duranno heremite de Monboun et do-
mui ipsius vi arpennos nemoris juxta domum ipsius. Idem et
vicecomes, et uxor ejus, et Milo de Villaterri, Petrus de Villa-
nova, presbiteri, testificati sunt nobis quod Hugo et Bucardus,
filii vicecomitisse, predictam laudaverunt elemosinam. Ut ergo
dicta elemosina rata maneat et firma, presenti scripto eam con-
firmari fecimus, et sigilli nostri impressione muniri. Actum
Senonis, anno incarnati Verbi M° C° LXXX° IIII°.

(Sceau de l'archevêque, en cire brune, sur lacs de soie verte.)

III.

RATIFICATION PAR GUI, ARCHEVÊQUE DE SENS, DE LA CESSION
DU MOULIN D'IGNART, DÉPENDANT DU FIEF DU VICOMTE DE
SENS, FAITE AU PRIEURÉ DE MONTBÉON PAR MILON CROCHUT.
1188.

(Arch. de l'Emp., S 2122, n. 61.)

Guido, Dei gratia Senonensis archiepiscopus, ad quos littere
iste pervenerint, in Domino salutem. Notum fieri volumus quod
veniens ante nos Milo Crochut recognovit se dedisse in perpetuam helemosinam ecclesie beate Marie de Monte Baium quicquid
habebat in molendino de Iunart. Hoc autem laudaverunt, sicut
nobis testificati sunt magister Petrus, noster cancellarius, et
Milo Crochut, Hermensent, vicecomitissa Senonensis, de cujus
feodo prescriptum molendinum est, et Hermengart, uxor pre-
dicti Milonis, et Petrus eorum filius. Ut ergo ratum sit, presenti

scripto fecimus annotari et sigilli nostri munimine roborari.
Auctum (sic) Senonis, anno incarnati Verbi M.C.LXXXVIII.
Data per manum magistri Petri, cancellarii nostri.

(Même sceau que le précédent, sur lacs de soie rouge.)

IV.

DONATION FAITE PAR ERMESENDE, VICOMTESSE DE SENS, AU
PRIEURÉ DE MONTBÉON, DU REVENU QU'ELLE AVAIT SUR LE
MOULIN D'IGNART. 1190.

(Arch. de l'Emp., S 2122, n. 60.)

Ego Ermansanz, vicecomitissa Senonensis, notum omnibus
esse volo quod, assensu filiorum meorum et filie mee, donavi
in perpetuam elemosinam ecclesie beate Marie de Monboun, et
fratribus ibi Deo servientibus partem quam habebam in molendino de Ignart, tam in annona quam in censu. Et dominus
Guido, Senonensis archiepiscopus, ad preces meas litteris suis
sigillatis id confirmavit. Actum anno incarnati Verbi M°.C°.no-
nagesimo.

(Sceau de la vicomtesse, en cire jaune, sur double queue de parchemin; décrit
par M. Douet d'Arcq [1].)

V.

APPROBATION PAR GUI, ARCHEVÊQUE DE SENS, DE LA DONATION
PRÉCÉDENTE. 1190.

(Arch. de l'Emp., S 2122, n. 59.)

Guido, Dei gratia Senonensis archiepiscopus, omnibus ad
quos littere iste pervenerint, in Domino salutem. Notum fieri
volumus quod nobilis domina Ermesenz, vicecomitissa Senonensis, litteris suis nobis significavit se dedisse in perpetuam
elemosinam ecclesie beate Marie de Monboun, et fratribus ibi
Deo servientibus, assensu filiorum suorum et filie sue, partem
quam ipsa habebat in molendino de Ignart, tam in annona quam
in censu. Nos itaque quod inde ab ipsa factum est approbamus

1. Voy ci-dessus, p. 9.

et presenti scripto ad petitionem ejus confirmamus. Actum anno incarnati Verbi M°.C°. nonagesimo.

(Même sceau qu'aux n. II et III, sur queue de parchemin.)

VI.

DONATION FAITE PAR ERMESENDE, VICOMTESSE DE SENS, AU PRIEURÉ DE MONTBÉON, DE DIFFÉRENTS REVENUS EN NATURE A PRENDRE SUR LES DIMES DE VILLETHIERRY. 1202.

(Arch. de l'Emp., S 2122, n. 1.)

Ego Hermesendis, vicecomitissa Senonensis, notum facio tam presentibus quam futuris quod, pro remedio anime mee, patris et matris mee, et liberorum et predecessorum meorum, dedi in elemosinam ecclesie beate Marie de Montebeon unum modium bladii, medietatem hibernagii, medietatem tremesii, laude et assensu Bocardi filii mei et Helvidis filie mee, quem ecclesia percipiet in decimatione mea de Villa Tierri singulis annis; ita quod meum et liberorum meorum, patris et matris mee, et predecessorum meorum in predicta ecclesia anniversarium celebrabitur annuatim. Quod ut ratum maneat in futurum, presentem cartam sigillo meo roboravi. Actum anno Domini millesimo ducentesimo secundo.

(Même sceau qu'au n. IV.)

Suivent deux vidimus de cet acte, donnés l'un par l'archevêque de Sens, en 1214, l'autre par l'évêque de Paris, en 1248. Le premier porte déjà ces mots : « Bone memorie Hermesendis, quondam vicecomitissa Senon. »

(Extrait de la Bibliothèque de l'Ecole des chartes, 6° série, t. II, 3° livraison.)

Paris — Typographie de Ad. Lainé et J. Havard, rue des Saints-Pères, 19.